# XX<sup>e</sup> CONGRÈS ANNUEL

DE LA

## SOCIÉTÉ D'ÉCONOMIE SOCIALE ET DES UNIONS DE LA PAIX SOCIALE

Sous la présidence de M. PIOU, député

SUR

# LA CONDITION DE LA FEMME

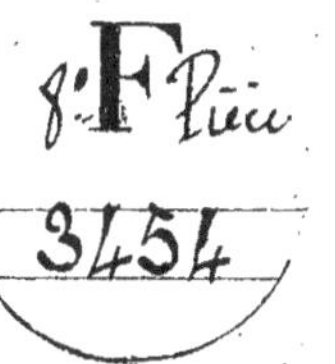

A. BOISTEL

DES LIMITES A APPORTER

## AUX POUVOIRS DU MARI

DANS L'ADMINISTRATION DE LA COMMUNAUTÉ

Extrait de *LA RÉFORME SOCIALE*

(1<sup>er</sup> JANVIER 1902)

PARIS

AU SECRÉTARIAT DE LA SOCIÉTÉ D'ÉCONOMIE SOCIALE

54, RUE DE SEINE, 54

1902

# LA RÉFORME SOCIALE

## REVUE BI-MENSUELLE FONDÉE PAR F. LE PLAY EN 1881

Avec la collaboration de MM. PAUL ALLARD — J. ANGOT DES ROTOURS — F. AUBURTIN — ALBERT BABEAU — PAUL BAUGAS — H. BEAUNE — BÉRENGER — A. BÉCHAUX — G. BLONDEL — BOGISIC — BOYENVAL — V. BRANTS — J. CAZAJEUX — E. CHEYSSON — A. DES CILLEULS — A. DELAIRE — CH. DEJACE — ARTHUR DESJARDINS — PAUL DESJARDINS — ERNEST DUBOIS — E. DUTHOIT — ETCHEVERRY — G. FAGNIEZ — FOURNIER DE FLAIX — FRANÇOIS ET PAUL ESCARD — FUNCK-BRENTANO — A. GIGOT — GLASSON — LOUIS GUIBERT — GRUNER — URBAIN GUÉRIN — HUBERT-VALLEROUX — J. IMBART DE LA TOUR — HENRI JOLY — ARMAND JULIN — CLÉMENT JUGLAR — LAGASSE — RENÉ LAVOLLEE — LÉON LEFÉBURE — ALBERT LE PLAY — ANATOLE LEROY-BEAULIEU — PAUL LEROY-BEAULIEU — E. LEVASSEUR — RAPHAEL-GEORGES LÉVY — PAUL DELOYNES — DE LUÇAY — DU MAROUSSEM — A. MOIREAU — G. PICOT — O. PYFFEROEN — A. RAFFALOVICH — J. RAMBAUD — LOUIS RIVIÈRE — EUGÈNE ROSTAND — SANTANGELO SPOTO — RENÉ STOURM — VICTOR TURQUAN — MAURICE VANLAER — WELCHE — ETC., ETC.

*La Réforme sociale* étudie les problèmes économiques et sociaux qui tiennent aujourd'hui le premier rang dans les préoccupations de l'opinion publique. Elle en demande la solution à l'observation des faits et à la pratique des lois morales, selon la méthode de F. Le Play, en dehors de tout esprit de parti et de toute théorie préconçue. Elle préconise tout un ensemble de réformes dont le cours des événements démontre de plus en plus l'urgente nécessité, et auxquelles se rallient chaque jour les esprits les plus éminents. Grâce à la sympathie grandissante que lui a témoignée le public éclairé, elle a pu, en commençant sa 3ᵉ série, prendre des développements considérables.

*La Réforme sociale* paraît le 1ᵉʳ et le 16 de chaque mois par fascicule in 8º de 80 pages, et forme par an deux forts volumes de 900 à 1000 pages chacun, complétés par des tables analytiques.

Une bibliographie méthodique analyse, au point de vue social, tous les recueils périodiques importants de la France et de l'étranger, ainsi que les publications nouvelles. Par cette innovation *la Réforme sociale* est devenue le guide le plus utile pour ceux que leur profession ou leurs études obligent à être rapidement et sûrement renseignés sur le mouvement social contemporain.

**Conditions d'abonnement.** — France : un an, **20** fr. ; six mois, **11** fr. — Union postale : un an, **25** fr. ; six mois, **14** fr. — En dehors de l'Union postale, port en plus.

Les membres des Unions de la Paix sociale reçoivent la *Réforme sociale* au prix réduit de **15** fr. (v. la notice sur les Unions).

**Bureaux : Rue de Seine, 54.**

# LES OUVRIERS DES DEUX MONDES

**TROISIÈME SÉRIE — Tome Iᵉʳ. — Prix : 15 francs.**

Dernières monographies parues : *Ouvrier de la Papeterie coopérative d'Angoulême ; Fermiers du Forez ; Armurier de Liège ; Fileur du Val-des-Bois ; Métayers de la Romagne ; Mineurs et agriculteurs du Pas-de-Calais ; Serrurier de Paris ; Piqueur de la mine aux mineurs ; Petit fonctionnaire de Pnom-Penh ; Coolie du Cambodge ; Métayer du Bas-Limousin ; Fermier normand de Jersey ; Papeteries du Limousin ; Aveugle accordeur de Pianos, Pêcheur de l'Ile de Chusan (Chine),* etc.

Des fascicules supplémentaires sont consacrés à des monographies d'ateliers manufacturiers ou agricoles.

Il paraît un fascicule tous les trois mois. Prix : **2** fr. En souscription : **1** fr. **50**.

# XXᵉ CONGRÈS ANNUEL

DE LA

## SOCIÉTÉ D'ÉCONOMIE SOCIALE ET DES UNIONS DE LA PAIX SOCIALE

Sous la présidence de **M. PIOU**, député

SUR

# LA CONDITION DE LA FEMME

## A. BOISTEL

### DES LIMITES A APPORTER
# AUX POUVOIRS DU MARI
#### DANS L'ADMINISTRATION DE LA COMMUNAUTÉ

Extrait de *LA RÉFORME SOCIALE*
(1ᵉʳ JANVIER 1902)

## PARIS

AU SECRÉTARIAT DE LA SOCIÉTÉ D'ÉCONOMIE SOCIALE

54, RUE DE SEINE, 54

—

1902

# AUX POUVOIRS DU MARI

## DANS L'ADMINISTRATION DE LA COMMUNAUTÉ (1)

Les efforts que l'on a tentés dans un sens pratique pour améliorer, au point de vue pécuniaire, la situation de la femme mariée en France, ont presque exclusivement porté dans ces derniers temps sur la liberté plus grande qu'il conviendrait de lui accorder quant à la disposition des produits de son travail. C'est ce droit qu'on a essayé d'organiser dans plusieurs projets de loi bien connus, émanés de la plume des jurisconsultes les plus autorisés et des maîtres de la science juridique. Mais il y a d'autres points qui, jusqu'ici, ont beaucoup moins attiré l'attention et sur lesquels l'extension des droits civils de la femme présenterait les mêmes caractères de souveraine équité et d'urgence sociale.

Tous ceux qui ont quelque peu pratiqué la visite des familles pauvres à domicile ont été frappés d'une lacune au moins aussi grave dans nos lois et d'un besoin pratique non moins pressant. La mère de famille, surchargée d'enfants, obligée d'entretenir les vêtements et la propreté de toute la petite bande, d'assurer l'alimentation de tous, de tenir prêts à heure fixe les repas de son mari, arrêtée à chaque instant par la grossesse ou l'allaitement, ne peut se livrer à aucun travail rémunérateur. A peine obtiendra-t-elle de-ci de-là quelques heures de ménage à faire en ville, quelques travaux peu rémunérés de couture ou de blanchissage. En somme, il n'y a que le travail du mari qui puisse faire vivre la famille. Quel désastre ! quelle misère poignante s'il ne rapporte pas son salaire ou n'en rapporte qu'une faible partie au logis ! Sans doute, la dette alimentaire est inscrite à sa charge dans nos lois, soit au profit de sa femme (art. 212 C. civ.), soit au profit de ses enfants (art. 203). Mais les juges sont bien loin, les formalités sont bien compliquées, les frais sont bien lourds, les moyens d'exécution de la sentence bien peu efficaces. L'effort du législateur devrait tendre à établir une juridiction plus abordable, plus simple, moins coûteuse, comme celle du juge de paix ; à simplifier les formes, à rendre une opposition partielle sur les salaires plus

(1) Communication faite à la réunion annuelle le 4 juin 1901.

facile et moins chanceuse, à assurer à la mère la gestion du modeste viatique ainsi obtenu. Oh! je n'ignore pas quels dangers présentera un pareil instrument placé aux mains de la ménagère, quelle délicatesse de doigté il lui faudra pour le manier avec avantage. N'y aura-t-il pas à se tenir en garde contre la mauvaise humeur du mari, contre les orages, les violences dans le ménage, peut-être contre l'abandon du foyer conjugal? Le travail de l'ouvrier ne se ralentira-t-il pas lorsqu'il ne se sentira plus le maître absolu des produits de son travail? Quoique devant être la première victime de ce ralentissement, n'y serait-il pas poussé par le ressentiment d'avoir eu le dessous devant la justice, par les fumées capiteuses des idées de liberté à outrance, dont tant de cerveaux se grisent de nos jours, et qui peut-être sont capables d'ébranler même la fermeté de beaucoup de nos législateurs, lorsqu'ils seront saisis de la question? Ces problèmes sont délicats; mais leur difficulté même ne montre que davantage la nécessité d'aborder de front l'examen de ce mal social et de son remède. D'ailleurs ces délicatésses d'application sont avant tout d'ordre individuel, et varient nécessairement suivant les circonstances. Ce serait surtout aux intéressés qu'il appartiendrait de les apprécier. La femme surtout, aidée de l'expérience de son ménage, éclairée au besoin par les conseils du juge de paix, saurait mieux que tout autre quel parti elle pourrait tirer des ressources mises entre ses mains par la législation. Mais surtout ce serait un progrès énorme d'avoir inscrit dans la loi l'obligation pour le père de famille d'apporter dans son ménage tout son salaire. Beaucoup d'ouvriers sont foncièrement honnêtes; un grand nombre que leur éducation n'a pas bien solidement ancrés sur les principes, veulent néanmoins faire comme tout le monde, ne pas se placer moralement au-dessous du niveau général de ceux qui les entourent, ne pas braver l'opinion publique de leur milieu. Ce sera beaucoup pour tous ceux-là, quand ils lutteront contre leur faiblesse ou contre la contagion de l'exemple, d'apprendre du législateur lui-même ce que tout le monde doit faire, de savoir ce qui est au contraire hautement réprouvé par l'opinion générale des représentants du pays qui auront organisé les moyens de réprimer les écarts; enfin de connaître par des prescriptions positives quel est le niveau moral au-dessous duquel on ne peut pas descendre sans avoir maille à partir avec les tribunaux.

Mais ce n'est pas ce point de notre législation matrimoniale que j'ai surtout l'intention de discuter devant vous. Je veux aborder un autre sujet d'un intérêt beaucoup plus général, puisqu'il concerne aussi bien les familles aisées et même opulentes que les petits ménages d'ouvriers ou de modestes employés. Malgré sa vaste étendue d'application, il ne paraît pas que ce problème ait jamais beaucoup préoccupé les jurisconsultes, qu'il ait agité l'opinion publique, que les plaintes des femmes l'aient jamais visé principalement, et que les galants champions du beau sexe aient jamais rompu beaucoup de lances à son sujet. Il s'agit cependant d'une des applications les plus manifestes et peut-être les plus abusives de la prépondérance maritale, si souvent attaquée : c'est la question du pouvoir du mari sur les biens des deux époux faisant partie de la communauté.

Le Code civil a, en apparence, restreint considérablement les droits que le mari pouvait exercer, d'après nos anciennes coutumes, comme chef de la communauté. Il ne le qualifie plus de « seigneur et maître » de la communauté ; il lui donne seulement a qualité d'administrateur (art. 1421). Mais, d'une part, en rangeant, parmi les meubles qui tombent en communauté, de nombreuses catégories de biens autrefois classées comme immeubles, tels que les offices, les rentes ; en englobant par avance, dans la formule si large de l'art. 1401 1°, toutes les autres valeurs mobilières qui devaient prendre de nos jours une si grande extension, comme les titres de bourse, la propriété littéraire, artistique, industrielle, il a livré aux mains du mari une portion infiniment plus considérable de la fortune personnelle de sa femme. Le pouvoir du mari comme chef a gagné ainsi en extension beaucoup plus qu'il ne perdait en intensité ; de sorte que l'on a pu dire très exactement, comme mon collègue M. Thaller vous l'a montré, que le régime de communauté d'acquêts répondrait beaucoup mieux, de nos jours, à ce qu'était autrefois la communauté coutumière, et souhaiter que, par une organisation, assez facile en somme, de la preuve des apports, le législateur établît là communauté d'acquêts comme régime de droit commun (1).

D'autre part, les indications très formelles que la loi nous donne, relativement à l'étendue des pouvoirs du mari sur les biens com-

______

(1) V. Teissier, *De la communauté d'acquêts envisagée comme le régime de droit commun* ; brochure extraite de la « Revue bourguignonne de l'enseignement supérieur », 1901, n° 1.

muns, nous font apparaître ces pouvoirs comme excédant de beaucoup ceux d'un administrateur ordinaire, ceux d'un directeur de société, qui, rationnellement, devraient être le type applicable au chef de l'association conjugale. Immédiatement après avoir présenté le mari comme simple administrateur de la communauté, en disant : « Le mari administre seul les biens de la communauté », l'art. 1421 C. civ. ajoute : « Il peut les vendre, aliéner et hypothéquer sans le concours de sa femme ». Il ne s'agit là que des aliénations à titre onéreux, car l'art. 1422 et l'art. 1423 s'occuperont bientôt après des dispositions à titre gratuit. Mais combien déjà sont graves et exorbitants ces pouvoirs reconnus au mari ! Le droit d'aliénation sans contrôle s'applique non seulement aux meubles de la communauté, mais encore aux immeubles qui peuvent avoir été acquis des deniers communs et que vise d'ailleurs spécialement la faculté d'hypothéquer. Les meubles d'ailleurs, peuvent, notamment sous forme de titres de bourse, constituer des valeurs énormes, et ils tombent aveuglément dans la communauté, si l'on n'a pas pris soin de les réserver par le contrat de mariage. Tout cela est absolument à la merci du mari, qui, non seulement ne peut être arrêté par sa femme sur la pente fatale de la dissipation, si ce n'est au moyen de la mesure si grave d'une demande en séparation de biens, mais qui, de plus, n'a aucun compte à rendre des motifs qui l'ont fait agir, de la destination qu'il entendait donner aux fonds provenant des aliénations ou des emprunts hypothécaires, des spéculations financières qu'il avait eu l'intention de réaliser au moyens de ces capitaux. Sans doute, dans la pensée du législateur, ces pouvoirs exorbitants ne lui étaient donnés que pour en user dans l'intérêt commun du ménage et des enfants. Mais aucune précaution effective n'a été prise pour garantir cet emploi utile de la fortune commune. Le texte de l'art. 1421, avec ses formules absolues, dont le sens est éclairé encore par une tradition constante, n'admet aucun contrôle sur ces opérations. Le mari peut ainsi employer le prix des aliénations en objets de luxe, en objets de consommation immédiate, avoir une installation opulente, des réceptions brillantes, des chevaux, des voitures, des équipages de chasse, bien au-dessus de la position que lui permettraient d'occuper les ressources relativement modestes du ménage. Il mangera ainsi, non seulement les revenus, en laissant peut-être sa femme et ses enfants manquer du nécessaire, mais encore le capital, en faisant venir à grands pas la ruine et la misère. Et la femme, plus prévoyante, sera obligée d'assister longtemps à ce désastre progressif sans pouvoir l'empêcher, avant d'avoir recours à la mesure extrême et cruelle de la séparation de biens. Elle sauvera peut-être alors quelques bribes pour l'avenir ; mais elle n'aura aucun recours pour le passé. J'ai supposé jusqu'ici que le mari imprévoyant emploie du moins dans le ménage commun les revenus factices que lui procure l'aliénation des biens, qu'il en fait plus ou moins profiter sa femme et ses enfants. Que dirons-nous s'il dissipe ce patrimoine en dehors du foyer domestique, s'il vit joyeusement à son cercle ou ailleurs en des compagnies plus que suspectes, s'il s'installe un ménage irrégulier à côté du ménage légitime, s'il joue un jeu effréné ? Tout cela lui sera légalement permis et il n'aura de compte à rendre à personne. Sans lui supposer une conduite aussi déplorable, il pourra s'éprendre d'une idée, s'intéresser à une œuvre patriotique ou à une entreprise d'intérêt local, s'acharner à une recherche scientifique, se laisser envahir par la passion des collections et consacrer à sa marotte le plus clair des revenus du ménage, en épuiser le capital sans se soucier des souffrances des siens. Il fera pire que Bernard Palissy, brûlant les meubles du logis, pour chauffer le four d'où sortiront ses émaux immortels. Ce sera, en grand, notre savant contemporain, vendant l'argenterie du ménage pour acheter une coquille rare, au risque de perdre la tête dans le trouble où le mettra l'aveu à faire à sa femme, et, en se mettant à table, de s'asseoir sur sa précieuse emplette ! Rien ne l'empêchera de partir seul, à grands frais, pour des voyages d'agrément ou d'exploration, en laissant derrière lui le foyer sans feu, et le garde-manger vide ; en emportant, s'il le veut, les économies faites par sa femme au moyen d'un travail épuisant. Tout cela est inscrit dans les quelques lignes de l'art. 1421 ! Le danger, vous le voyez, n'est plus spécial aux classes pauvres. Mais il les atteint également. Le cabaret, les réunions politiques qui sont l'occasion, sinon le prétexte, de déplacements et de consommations, les grèves inconsidérées, qui souvent, pour une chimère irréalisable, suppriment le pain de la famille, sont des fléaux aussi redoutables et plus rapidement funestes que les abus décrits ci-dessus ; et si une petite somme a pu être amassée par des économies antérieures, si une maigre succession a pu faire espérer quelque sécurité pour la vieillesse, tout risque de disparaître en quelques jours malgré les craintes prévoyantes et les remontrances désespérées de la femme.

Ce ne sont pas seulement les ressources acquises que le mari est maître de dissiper, il peut aussi compromettre irréparablement la fortune à venir. Car toutes les dettes qu'il contracte au cours du mariage grèvent la communauté (C. civ., art. 1409, 2°). Non seulement les créanciers peuvent se faire payer sur le fonds commun, mais même, en général, le mari ne devra, à la dissolution de la communauté, aucune récompense pour ce qui en sera sorti par cette voie. L'art. 1409, 2°, ne réserve la possibilité d'une dette de récompense que « s'il y a lieu », c'est-à-dire, suivant l'opinion la plus autorisée et consacrée par la jurisprudence, dans les seuls cas indiqués par la loi. Or il n'y a que l'art. 1437 qui pose le principe d'une récompense, et c'est seulement lorsque le mari a tiré un « profit personnel », c'est-à-dire un avantage pécuniaire ayant augmenté sa fortune propre. La porte est donc largement ouverte à toutes les fantaisies du mari, à tous ses entraînements, à toutes ses dissipations. Par cette voie s'écouleront imperceptiblement, à l'insu de tous, surtout à l'insu de la femme, la fortune actuelle du ménage et même son bien-être à venir.

Mais la loi lâche encore davantage la bride au mari. Ce singulier administrateur de société, administrateur de la société la plus intéressante, la plus fréquente, de celle qui, de l'aveu de tous, tient le plus intimement à l'ordre public et à l'avenir de [l'Etat, administrateur dont les pouvoirs n'ont pas été réglés expressément, consciemment, par un accord avec son coassocié ; cet administrateur peut faire sans contrôle des donations sur l'actif social. Oh ! le législateur n'a pas voulu paraître trop imprévoyant sur ce point ; il fait les gros yeux au chef du ménage : tu ne pourras pas donner des immeubles de la communauté à d'autres qu'aux enfants communs ; tu ne pourras pas donner l'universalité ou une quote-part du mobilier. Eh bien ! il ne manquerait plus que cela ! Donner l'universalité du mobilier ! Dépouiller complètement le foyer domestique, vider même le bas de laine qui renferme les économies ! Mais aucun mari ne serait assez insensé pour y songer un instant ! On lui défend de se mettre instantanément et d'un trait de plume, sur la paille, lui, sa femme et ses enfants. Que dis-je ? il ne s'agirait même pas de garder la botte de paille traditionnelle, puisque la donation prohibée, c'est celle de l'*universalité*, sans la moindre réserve. La défense d'aliéner les immeubles est plus sérieuse ; mais il faut cependant remarquer que normalement il n'y a guère d'immeubles dans la communauté. Quant à la défense de donner « une quotité du mobilier », les jurisconsultes depuis un siècle se creusent inutilement la cervelle pour savoir ce que ces mots peuvent viser ; et la jurisprudence n'a trouvé moyen de leur donner un sens qu'en passant à côté de la signification naturelle des mots, et en refusant au mari le droit de faire des donations excessives par rapport à la fortune commune. Même avec cette interprétation très divinatoire, qui donne le pas à l'équité, à l'esprit probable de la loi, sur son texte, le mari reste maître de faire tous les cadeaux, toutes les largesses qu'il lui plaira, pourvu qu'elles ne soient pas trop excessives. Et, à la seule condition de ne pas se réserver l'usufruit, de ne pas en tirer un profit personnel, de ne pas s'en servir pour acquitter une charge incombant à son patrimoine propre, il ne devra aucun compte, aucune récompense à la communauté ou à sa femme pour ses générosités les plus fantaisistes ou les moins morales !

Il manque encore un trait au tableau. Si le mari commet des délits ou des crimes ; s'il vole, s'il incendie, s'il assassine ; s'il est condamné de ce chef à de grosses indemnités ; savez-vous qui est-ce qui paiera ? Sa fortune à lui ? Pas du tout. Ce sera la communauté ! — Et non seulement la communauté paiera, mais c'est la bourse de la communauté qui supportera définitivement cette lourde charge. La femme n'aura pas même le droit de se faire rembourser plus tard ces sommes par le mari, seul coupable. Le Code (art. 1424) ne lui donne droit à récompense que pour les *amendes* encourues par le mari, et non pour les réparations civiles. La jurisprudence et la très grande majorité des auteurs s'inclinent devant cette solution très précise, malgré sa souveraine iniquité. N'est-il pas piquant de voir la femme condamnée à payer pour sa moitié les fredaines du mari, et les coups de canifs donnés dans le contrat ? C'est à croire que quelque vaudevilliste malin s'est glissé parmi les rédacteurs du Code.

Il semble bien désirable qu'un peu d'ordre soit mis dans cette gestion par le mari des intérêts communs ; qu'un peu de poids soit placé dans la balance où s'équilibrent les droits des deux époux. Cela est-il réalisable ? Un concert unanime des plus graves autorités vous répondra que le législateur a eu les motifs les plus concluants pour établir l'organisation qu'il a créée, qu'il se fût heurté à des impossibilités s'il eût tenté de procéder autrement, qu'un ordre de choses

différent aurait paralysé l'initiative du mari, supprimé le crédit du
ménage et ruiné la famille. Soyons cependant un peu indiscrets, et
regardons de plus près à ces raisons. Nos législateurs de 1804
étaient presque tous des maris, je veux bien ajouter des maris
modèles, tous du moins étaient exposés au risque de le devenir. Ne
se sont-ils pas laissé trop aisément persuader que tout serait perdu
si l'on mettait des entraves à la direction du chef de famille?

On s'est préoccupé tout d'abord des rapports du ménage avec les
tiers. Ils ne peuvent pas, a-t-on dit, s'enquérir de l'emploi que le
mari compte faire des fonds provenant des aliénations ; on ne peut
leur imposer l'obligation de surveiller cet emploi. Toute opération,
quelque utile qu'elle soit, deviendrait impossible ; la gestion du
mari serait paralysée ; et la sécurité générale des transactions serait
irrévocablement compromise. Ce sera bien pis encore pour les
obligations contractées par le mari ; les tiers ne peuvent pas
connaître les stipulations du contrat de mariage ; le mari a la
gestion de tout le patrimoine des deux époux, il a l'apparence de
fortune du ménage ; les tiers ont traité sur ces apparences ; ils
seraient injustement lésés s'ils ne pouvaient pas poursuivre tous
les biens communs. Par la solution contraire, le crédit du ménage
serait tué du coup. Et la mesure sollicitée dans l'intérêt de la femme
se retournerait gravement contre elle. — Bien des réponses pourraient être faites à cette argumentation ; bien des analogies pourraient être présentées pour suggérer des mesures qui fonctionnent
très bien en pratique ou ne présentent pas de difficultés insurmon-
tables. — Le mineur commerçant ne peut s'engager, il ne peut
hypothéquer ses immeubles que pour les besoins de son commerce.
Les tiers qui traitent avec lui ne sont pas arrêtés en fait par la
difficulté de constater la destination finale de ses opérations. —
La femme mariée elle-même fait toutes les dépenses du ménage
comme mandataire du mari (c. civ. art. 1420). Elle n'a évidemment
mandat que pour les dépenses utiles au ménage et dans la mesure
de ses ressources. Les fournisseurs sont-ils jamais arrêtés par la
crainte qu'elle n'excède son mandat, tant que le mari ne les a pas
avertis d'avoir à se méfier ? — Dans toute société, le gérant fait des
opérations pour son compte en même temps que pour le compte de
la société. Ceux qui traitent avec lui en l'une ou l'autre de ces
qualités ont des gages séparés et distincts. Ils ne se plaignent pas
de ne pas pouvoir les distinguer, et ne refusent pas pour cela de

traiter avec celui qui administre ainsi deux patrimoines difficiles à discerner du premier coup d'œil. Bien des progrès ont été réalisés, au cours du xıxᵉ siècle, dans le monde des affaires, au point de vue du fonctionnement des sociétés et de leur gérance. Serait-ce trop demander au législateur du xxᵉ siècle, que de le solliciter de faire profiter la société conjugale des lumières et de l'expérience acquises? Qui sait si l'on ne pourrait pas faire œuvre utile en lui accordant la personnalité morale à l'égard des tiers, comme la loi l'a fait pour les sociétés commerciales, comme la jurisprudence le fait, en dehors de la loi suivant moi, pour les sociétés civiles?

Les dimensions dans lesquelles doit se renfermer ce rapport ne me permettent pas de discuter les détails d'organisation de ces divers procédés possibles. Mais il y a toujours deux points sur lesquels une amélioration notable apparaît comme simple et facile.

Quel obstacle pratique s'opposerait à ce que l'on exigeât pour les actes importants la signature de la femme? La gêne pour les opérations du ménage ne serait pas bien grande. Chose bizarre! Le mari ne peut pas en fait disposer de ses immeubles à lui sans la signature de sa femme, qu'on exige toujours pour se mettre à couvert de l'hypothèque légale de celle-ci. Et pour aliéner les grosses valeurs mobilières de la communauté, dont la femme est copropriétaire pour moitié, il n'a aucunement besoin de son concours! Est-ce logique? La pratique contraire serait-elle inapplicable? Quant aux immeubles de la communauté, cette exigence que nous sollicitons serait à peine une innovation. Puisque, dans certaines éventualités au moins, on peut très sérieusement soutenir qu'ils sont englobés dans l'hypothèque de la femme, aucun acquéreur prudent ne consentira à traiter en ce qui les concerne sans la signature de celle-ci.

Une autre mesure, qui semble ne pas devoir soulever d'objection sérieuse, serait de déclarer inefficaces, à l'égard des tiers, les actes qui porteraient en eux-mêmes et indubitablement la marque d'un excès de pouvoir du mari. Du moment que les tiers n'ont pas pu ou n'ont pas dû s'y tromper, leur intérêt est hors de cause. Il ne manque pas d'hypothèses où cette règle pourrait être facilement appliquée. Certaines aliénations, certains emprunts peuvent être tellement singuliers, tellement exorbitants que leur caractère excessif sautera aux yeux de tous. Les donations, dans un grand nombre de cas, ne tromperont personne sur leur cause ou sur leur moralité. Enfin les dettes nées de délits, n'ayant produit aucun profit pour leur auteur, ou n'ayant produit qu'un avantage absolument étranger au ménage, devraient être sans hésitation exclues des charges de la communauté. L'équité le demande impérieusement.

Une dernière remarque, c'est que, pour toutes les dispositions purement mobilières, le législateur n'aurait pas de mesure spéciale à prendre en vue de sauvegarder les intérêts des tiers acquéreurs. Ceux-ci, intéressants seulement s'ils sont de bonne foi, seraient suffisamment protégés par la règle de l'art. 2279 : « en fait de meubles, possession vaut titre ».

Mais j'ai hâte d'arriver à la protection des intérêts de la femme, uniquement dans ses rapports avec son mari. Supposé que les tiers ne puissent être atteints à raison de leur bonne foi, supposé même que l'on se refuse à modifier la législation actuelle qui les met toujours à l'abri de tout recours ; toute ressource ne serait pas perdue pour la femme si, dans la liquidation de la communauté, on lui reconnaît le droit de demander au mari la justification de ses dépenses et de leurs causes ; si on établit en sa faveur le droit à une récompense pour toutes celles qui ne seront pas justifiées. Ce remède s'étendrait en tout cas à beaucoup d'hypothèses pour lesquelles le procédé précédemment indiqué serait insuffisant. Le droit à une récompense n'est accordé actuellement, avons-nous dit, à la femme, que dans le cas où le mari a tiré un profit personnel des actes qu'il a faits ; on peut y ajouter, en s'appuyant sur l'ancien droit (cout. de Paris, art. 225) et en combinant certains textes du Code (art. 243, nouveau ; art. 1167), les cas où le mari aurait positivement agi *en fraude* des droits de sa femme.

Le refus d'une récompense en dehors de ces cas a été expliqué par des raisons plus faibles encore que celles qui ont été invoquées en faveur des tiers. On a allégué le respect de l'autorité maritale, qui ne doit pas être affaiblie par la possibilité d'une discussion ou d'un contrôle. — Vous trouverez peut-être que cet argument détonne absolument aux oreilles modernes. Lorsque dans l'État même on n'admet plus le pouvoir absolu, lorsqu'on lui veut toutes sortes de tempéraments et de correctifs, il semble bien impossible de vouloir le ressusciter dans la famille, là où, du moins depuis le plus vieux droit romain, il n'a jamais existé. C'est au contraire le lieu de rappeler que, rationnellement, la prépondérance du mari ne se justifie que par la nécessité de maintenir l'unité de direction dans la société conjugale, par l'impossibilité de trouver une majorité dans une association composée de deux personnes seulement, et par l'obligation où l'on est par suite de donner, comme dans bien des cas, voix prépondérante au président en cas de partage. Il faut également rappeler comme principe fondamental que ce pouvoir du mari est essentiellement un pouvoir social, dont il doit user uniquement dans l'intérêt commun et non pas dans un but égoïste et personnel ; qu'il appartient par suite au législateur de le tempérer en pratique par les mesures propres à empêcher les abus. Parmi ces mesures, on concevrait très bien que pour les actes les plus graves concernant les biens communs on exigeât le concours et la signature de la femme. Ce serait dire, en d'autres termes, que ces actes graves seraient assimilés à certains actes très importants dans les autres sociétés, à ceux notamment qui touchent aux statuts fondamentaux ; qu'ils ne pourraient être décidés qu'à l'unanimité et non à la simple majorité des associés ; en observant que l'unanimité sera ici plus facile à obtenir puisqu'il n'y a que deux voix à réunir, et que les époux ont mille moyens de se mettre d'accord.

Mais, soit qu'on établisse cette garantie pour la femme, soit que l'on s'y refuse en écartant les considérations développées plus haut, il y aurait toujours une autre mesure dont l'emploi paraît s'imposer et dont l'application, ce semble, pourrait être facilement organisée. Il serait très simple de demander des comptes au mari pour toutes les sommes qu'il aurait reçues soit à titre de capital, soit à titre de revenus. On ne pousserait certes pas la rigueur jusque dans les moindres détails, surtout on ne pourrait pas exiger dans les ménages peu instruits une comptabilité minutieuse. On pourrait, par exemple, fixer en moyenne la dépense annuelle du ménage, soit en bloc, soit par nature de dépenses, en tenant compte de la composition variable du personnel de la famille. Et tout ce qui ne s'écarterait pas beaucoup de cette moyenne serait alloué au mari sans y regarder de trop près. Mais les grosses dépenses, les opérations considérables eu égard à la fortune du ménage, devraient être justifiées à la fois quant à leur quotité et quant à leur opportunité. Sur ce dernier point encore, le législateur devrait prescrire une grande largeur d'appréciation. Du moment que l'opération se présentait comme devant réaliser un avantage probable ou même plausible, eût-elle ensuite mal tourné le mari n'en serait pas responsable. On n'exigerait pas de lui une intelligence hors ligne, un talent exceptionnel dans le maniement des affaires. On le traiterait comme on traite pour ses comptes un gérant d'affaires ou un mandataire général. Une exigence ainsi limitée n'aurait rien d'inquisitorial.

Et par là nous répondrons à une raison qui a été souvent alléguée pour justifier le système actuel de la loi. Il est, dit-on, très difficile de préciser le point jusqu'où va l'usage normal du pouvoir marital, et celui où commence l'imprudence ou l'abus. On vient de voir qu'il y a en droit bien d'autres situations analogues, où les juges savent très bien avec les lumières de leur raison et leur expérience des affaires reconnaître les actes légitimes de ceux qui ne le sont pas. Ils ne seront pas plus embarrassés en matière de comptes de communauté. Et l'on devra d'ailleurs inscrire dans la loi la largeur de vues et d'appréciation qui devra présider à l'examen des comptes du mari. Il n'est certes pas question de livrer celui-ci à l'âpreté d'une discussion méticuleuse à laquelle ne seraient souvent que trop portés les hommes d'affaires qui dirigeront la demande de la femme ou de ses héritiers. C'est ce que paraissent avoir redouté les rédacteurs du Code. Les juges dûment avertis par le législateur sauront déjouer les chicanes, en s'inspirant au besoin de leurs propres souvenirs soit de chefs de famille, soit d'associés ayant eu à recevoir les comptes des gérants ou d'un conseil d'administration.

Ce procédé répugne si peu à la pratique, que la jurisprudence, sans aucune indication du législateur, est spontanément entrée dans cette voie, du moins lorsque les circonstances, comme un divorce ou une séparation de corps, obligent à liquider avec un soin tout particulier les droits réciproques des parties, et lorsqu'il s'agit des actes faits par le mari pendant l'instance qui a amené la dissolution de la communauté. Deux arrêts récents surtout, l'un de la Cour de cassation (Rej. 7 janvier 1890, D. P. 91. 1. 256) et l'autre de la Cour de Bordeaux (16 avril 1896, D. P. 99. 2. 385), se préoccupent des conditions dans lesquelles doit être rendu « le compte d'administration des valeurs de la communauté » par le mari, et des justifications qu'il doit fournir à l'appui. Il ne s'agirait que de généraliser et de rendre légale cette obligation.

Il est nécessaire enfin de répondre à une dernière objection. Celle-ci est d'ordre essentiellement pratique. Si le mari, dira-t-on, est un dissipateur, s'il manque de prévoyance, si c'est un homme à systèmes, à idées chimériques, qui ne sait pas gérer, à quoi servira-t il de lui demander des comptes ou des justifications ? Il aura épuisé toute la fortune du ménage et la sienne en même temps ; il ne lui restera rien comme garantie des récompenses que la femme pourra lui demander et auxquelles il aura été condamné. — Il faut répondre que la communauté peut se dissoudre, même accidentellement, avant que le malheur ne soit irréparable, alors qu'il reste encore un certain actif non dissipé ; surtout que la femme, qui est là pour veiller à ses intérêts, pourra s'apercevoir à temps du désordre qui menace la fortune commune, prendre la décision énergique de demander à temps la séparation de biens, et sauver ainsi une partie du patrimoine familial. Alors il importera beaucoup que, sur ce qui reste, le mari ne puisse pas se présenter comme un associé ordinaire et irresponsable, et partager sans scrupules par moitié ce qu'on a pu soustraire à ses mains inhabiles ou malhonnêtes. Il importera beaucoup de faire prélever par la femme, à titre de récompense, la moitié du moins de ce qu'aura perdu la mauvaise gestion du mari. Il faut observer de plus qu'il y a des hommes chez lesquels un certain désordre n'est pas incompatible avec le souci de l'avenir et même avec l'amour jaloux du bien acquis ; qui, par exemple, ayant de forts revenus, les dépenseront mal, imprudemment, malhonnêtement, en laissant la ménagère et ses enfants manquer du nécessaire eu égard à leur position, et qui néanmoins se garderont bien de toucher à leur capital. Ils veulent faire vie qui dure, comme on dit, et ne se soucient pas de tuer la poule aux œufs d'or. Ou bien, peu soucieux du patrimoine commun, le mari sauvegardera avec soin ses immeubles propres ; il est assez faible pour ne pas savoir retenir les capitaux qui passent entre ses mains, mais il ne prendrait jamais de sang-froid le parti de vendre un lopin de terre ou un beau domaine, dont la possession ajoute à l'éclat de sa position. Dans tous ces cas, la femme trouvera largement de quoi alimenter les reprises, auxquelles donneraient lieu les dilapidations du mari. Ne serait-ce pas un crime de la part du législateur, que de lui refuser comme inutile, un droit fondé sur l'équité, et en faveur duquel militent tant de raisons tirées de la nature même de la famille et du rôle qui doit appartenir à chacun des deux époux dans le mariage ? (1)

A. BOISTEL,
Professeur à la Faculté de Droit de Paris.

(1) Cf. dans *la Réf. soc.* du 1er juillet 1901, p. 75, le résumé des observations qui ont suivi la lecture de ce mémoire.

PARIS. — IMPRIMERIE F. LEVÉ, RUE CASSETTE , 17.

# LA CONDITION DE LA FEMME

Le XXᵉ Congrès annuel de l'École de la paix sociale s'est tenu du 30 mai au 6 juin, à Paris, sous la présidence de M. Jacques Piou, député.

Les principaux sujets qui y ont été traités peuvent se grouper sous les rubriques suivantes :

I. — *Condition économique des femmes.* — Statistique du personnel féminin dans les grandes industries, par M. V. Turquan; Le Travail et les salaires des femmes dans l'agriculture française, par M. Souchou, professeur à la Faculté de droit de l'Université de Paris; Le Travail des femmes dans la grande industrie française, et spécialement dans la fabrique lilloise, par M. Maurice Vanlaer, professeur à la Faculté libre de droit de Lille; Le Travail des femmes en Belgique dans la grande et la petite industrie, par M. A. Julin, directeur au Ministère de l'industrie et du travail; Le Travail des femmes mariées dans la grande industrie allemande, d'après une enquête officielle, par M. E. Dubois, professeur à l'Université de Gand; les Syndicats professionnels de femmes, par M. E. Flornoy; La Mutualité, la femme et la famille, par M. E. Cheysson, de l'Institut, inspecteur général des Ponts et Chaussées; La Mutualité et les retraites pour femmes, par M. P. Berryer, avocat à la Cour d'appel de Liège; Les Ouvroirs de Paris, monographies, par M. Fleurquin, docteur en droit, avocat à la Cour d'appel de Douai; Le Travail des couvents et les Bons-Pasteurs de Paris, monographies, par M. H. Joly, doyen honoraire de Faculté, vice-président de la Société; Le Travail des femmes aux États-Unis, par M. Lepelletier, professeur à l'institut catholique de Paris; Le Travail des femmes en Bosnie-Herzégovine, par Mᵐᵉ Léra; Le Travail des domestiques femmes, par Mᵐᵉ Vincent, présidente de l'Égalité; Les Syndicats d'ouvrières à Lyon, par Mˡˡᵉ Rochebillard; Les Métiers de famille, par Mᵐᵉ Paule Vigneron; etc.

II. — *Condition morale des femmes.* — La Séduction et la recherche de la paternité, par M. Albert Gigot, ancien préfet de police; Les Fiançailles et leur réglementation dans la loi civile, par M. F. Escard; Le Divorce et la femme, par M. Morizot-Thibault, substitut près le Tribunal de la Seine; La Détresse de l'ouvrière et les modes d'assistance préventive et curative, par le docteur Bouloumié; les Patronages de jeunes filles, par M. Max Turmann, professeur au Collège libre des sciences sociales; l'Union internationale pour la protection de la jeune fille, par Mᵐᵉ la baronne de Montenach (de Fribourg); Les Œuvres féministes paroissiales dans une ville manufacturière, par M. le curé Cetty (de Mulhouse); Les Œuvres sociales féministes de Genève, par M. F. Necker, président de la Société chrétienne suisse d'Économie sociale; L'Habitation de la jeune fille dans les grandes villes, par M. Georges Picot, secrétaire perpétuel de l'Académie des sciences morales et politiques; La Femme et la lutte contre l'alcoolisme, par Mᵐᵉ Keelhof, secrétaire générale de l'Union des femmes belges contre l'alcoolisme, etc., etc.

# Suite du Programme du Congrès

III. — *Condition intellectuelle des femmes.* — L'École primaire et la co-éducation, par M. A. des Cilleuls, membre du Comité des travaux historiques et scientifiques; L'École mixte en Suisse, note de M. Crevoisier, docteur en médecine de l'Université de Berne; L'Enseignement secondaire des jeunes filles, types d'écoles et programmes; L'Enseignement supérieur des jeunes filles, par M. A. de Margerie, doyen honoraire de la Faculté libre des lettres de Lille ; L'Enseignement artistique des jeunes filles, par M. Mellerio; L'Enseignement professionnel et l'Ecole ménagère, par Mme la comtesse d'Oultremont (de Bruxelles); Monographie d'une École ménagère de Roubaix, par Mme Eugène Mathon-Motte ; Les Écoles professionnelles de la ville de Paris, par M. L. Duval-Arnould, vice-président du Conseil municipal; L'École professionnelle d'imprimerie de Mlles Pernot et Déchelette à Autun; L'Education sociale de la femme anglaise, par Mme Léra; L'Esprit et le but du féminisme en Suède, par Mme Ringertz, directrice du pavillon Suédois à l'Exposition de 1900; etc.. etc.

IV. — *Condition juridique des femmes.* — Le Contrat de mariage et le régime normal des biens à établir entre époux, par M. Thaller, professeur à la Faculté de droit de Paris; Les Limites à poser au pouvoir du mari dans l'administration des biens de la communauté, par M. Boistel, professeur à la Faculté de droit de Paris; La Femme et la famille dans le droit slave, par M. Mateitch, docteur ès sciences politiques; La Situation juridique de la femme dans le nouveau Code allemand, par M. Saleilles, professeur à la Faculté de droit de Paris; Les Lois récentes de la Belgique pour la protection de la femme mariée, par M. Ch. Dejace, professeur à l'Université de Liège, membre du Conseil supérieur du Travail; L'Électorat politique des femmes, par M. Eug. Duthoit, professeur à la Faculté libre de droit de Lille; Le Vote municipal des femmes, par M. L. Lallemand, correspondant de l'Institut; L'Élection des femmes aux Conseils de prud'hommes et aux Conseils de l'industrie et du travail, par M. E. van der Smissen, professeur à l'Université de Liège, président de la Société belge d'Économie sociale ; La Femme chrétienne et le droit naturel, par M. R. de Cepeda, professeur à l'Université de Valence, etc., etc.

---

*Un compte rendu analytique des Mémoires et des discussions du Congrès a été publié dans* la Réforme sociale *du 1er juillet 1901 (144 p., prix 2 fr.)*

*Le texte des Mémoires paraît successivement dans les livraisons de* la Réforme sociale *du second semestre 1901.*